DÉBOUCHÉS NOUVEAUX

A ouvrir dans Paris

POUR

LES MARCHANDISES

DE TOUTES ESPÈCES

Imprimerie et Lithographie Maulde et Renou,
rue des Fossés St-Germain-l'Auxerrois, 14.

DÉBOUCHÉS NOUVEAUX

A ouvrir dans Paris

POUR

LES MARCHANDISES

De toutes Espèces

AU BÉNÉFICE

DES

Producteurs et Consommateurs

Projet de loi sur les

VENTES AUX ENCHÈRES

PAR

J. du MESNIL-MARIGNY

PARIS

CHEZ DENTU, AU PALAIS ROYAL

—

1852

AVANT-PROPOS

Sans réduire le salaire des ouvriers,
diminuer le plus possible la valeur des
objets qu'ils exécutent; en débarrassant
le marché des intermédiaires onéreux et
parasites : de cette manière, accroître
l'aisance générale, en donnant du travail
et en augmentant la part de chacun dans
la distribution des biens terrestres ; voilà

le puissant motif qui a dirigé nos études, et nous a déterminé à publier cet opuscule.

Parmi toutes les personnes qui s'occupent de créations utiles, nous distinguerons celles dont les efforts doivent être principalement encouragés. Toutefois, nous n'en parlerons que d'une manière succincte, et seulement dans leurs rapports avec les perfectionnements, que nous désirons introduire dans le mode le plus souvent employé pour la vente des marchandises.

Nous démontrerons que généralement le trafic des commerçants en détail peut être effectué d'une façon plus simple, qui abaissera les prix, favorisera la production et vivifiera l'industrie.

Le désir de se rendre utile, serait déjà une raison bien suffisante pour faire rechercher avec persévérance, tous les moyens qui peuvent contribuer à augmenter le travail et l'aisance. Mais, quand on songe à la part affreuse, que prend la misère dans toutes les révolutions, et qu'elle prendra davantage encore, à l'aide des idées matérialistes qui pénètrent irrésistiblement chaque jour dans les masses : s'occuper du bonheur général, ce n'est plus simplement un devoir, mais bien une nécessité absolue.

L'Anglais arme des flottes, fait la guerre pour trouver des débouchés nouveaux. Les procédés que nous emploierons seront plus pacifiques et plus moraux ; et, quoique ne conduisant pas à des résultats aussi considérables, que ceux obtenus par ce peuple industrieux, nous espérons qu'ils viendront trouver leur place dans la législation.

Malgré tout ce qui a été dit, pour la défense des bonnes machines, on ne peut innover même utilement sans faire tort à quelques-uns. Presque toutes, depuis l'imprimerie jusqu'au rail-wai, ont été fatales pendant un temps à bien des pères de famille, souvent dignes d'un grand intérêt ; mais il est incontestable que, dès le moment où elles ont fonctionné, elles ont servi grandement la cause de l'humanité.

Il faut donc s'attendre, lors de la mise en application, à des clameurs poussées par suite des intérêts froissés. Heureusement, nous espérons démontrer que les victimes ne méritent que fort peu d'égards.

On peut être encore certain que ceux à qui l'on fera du bien, ne le reconnaîtront pas immédiatement, tant il règne de confusion dans les esprits. Mais les avantages nous paraissent si éminents, que bientôt, à la suite, un concert d'éloges ne manquera pas de se faire entendre.

Loin de nous ces procédés bâtards, issus des gouvernements représentatifs, régis par des rhéteurs; gouvernements qui ont pesé trente ans sur la France, et dans lesquels, en voulant satisfaire chacun, on n'arrivait, le plus souvent, après des discussions interminables, qu'à grossir la vanité des orateurs.

Ce n'est pas au bien-être de quelques particuliers que nous devons tendre, mais à celui des masses. Devrions-nous écouter les plaintes des gendarmes, si des formes nouvelles, d'une application facile, en s'adaptant à la Société, pouvaient en arrêter tous les méfaits.

Au lieu d'une centaine de pages que nous avons consacrées à l'examen d'une résolution qui nous paraît utile, quelques-unes nous auraient suffi pour la discuter : mais il fallait sacrifier à ce sens public, malheureusement perverti par le long règne des professeurs de la phrase, qui fait admettre généralement qu'une question quelconque, pour être traitée avec lucidité, exige des volumes.

Nous avons donc cru nécessaire, pour ne pas être dédaigné, de supporter une partie du joug, et nous demandons grâce pour bien des lieux communs qui donnent de l'ampleur et ne sont point indispensables.

§ I.

Distinction entre le grand et le petit commerce. — Vices de ce dernier.

Lorsque l'humanité, après avoir long-temps cheminé dans des voies de barbarie, est enfin arrivée au point où les producteurs, multipliant leurs efforts, ne pouvaient faire consommer leurs produits sur place, des agents durent se présenter pour acquérir les marchandises et s'occuper de leur placement.

Les chemins fangeux à ornières, et plus tard le macadam et les rail-wai; les rivières et les fleuves d'abord, puis le cabotage et la haute navigation en pleine mer, vinrent contribuer, pour l'aisance de tous, à faire trouver ailleurs que sur place un écoulement facile.

Etait-ce le fabricant qui pouvait se livrer à des opérations aussi compliquées, aussi aléatoires? Non; livré, soit à l'étude, soit aux soins nécessités par son industrie, il se trouva forcément dans la main d'une catégorie de personnes, qui, en petit et en grand, se chargèrent de vendre partout les résultats de ses labeurs.

Cette catégorie d'individus, intermédiaires entre le producteur et le consommateur, et désignée sous l'appellation générale de commerçants, a pris un développement énorme, et nombre d'é-

tats lui ont dû leur force et leur gran-
deur. Nous citerons Carthage, Venise,
la Hollande, et nous pourrions en nom-
mer bien d'autres.

Que l'on ne s'abuse point en confon-
dant avec certains commerçants qui doivent jouir d'une grande considération,
en raison des services importants qu'ils
ont rendus et qu'ils rendront toujours,
un groupe très nombreux que le public a
l'habitude de leur associer, en appelant
du même nom ceux qui le composent ;
groupe qui se livre au débit des marchandises dans chaque localité ! Nous faisons
toutes nos réserves à cet égard, et nous
allons établir la distinction principale qui
différencie les uns des autres.

Une séparation complète, absolue, serait difficile à préciser d'une manière
mathématique ; mais nous appellerons
petit commerce, *commerce de détail*,

commerce sédentaire, celui qui se livre, dans les diverses localités, au débit de marchandises qu'il prend soit dans des entrepôts à peu de distance, soit chez le producteur.

Le grand commerce ne se borne pas à une opération aussi élémentaire; usant de son crédit, de ses capitaux, de son intelligence, il embrasse dans ses spéculations de vastes intérêts, quelquefois même ceux des deux mondes. A son ordre des masses de marchandises se meuvent et franchissent des espaces immenses.

Le commerce sédentaire, dont nous ne comptons pas faire valoir l'importance, avait une prépondérance singulière dans les gouvernements qui ont précédé. Il formait, en raison de ses patentes, une grande partie des électeurs ; et la garde nationale des villes, la seule influente et

souvent toute puissante, était presque
entièrement composée de ses membres.

C'est en sa faveur que beaucoup de
lois (1) et ordonnances ont été rendues
au détriment de l'agriculture et de certains grands producteurs industriels.

Nous espérons que son influence et sa
domination touchent à leur fin ; car une
nation qui ne s'appuiera que sur des
cerveaux étroits, à idées toutes person-
nelles, qui ne considèrent le bien général qu'au point de vue de leurs intérêts égoïstes, n'arrivera jamais à rien
d'honorable ni de grand.

---

(1) Ordonnance du 9 avril 1819 qui prohibe la
vente au détail et aux enchères des marchandises
neuves.

Loi du 25 juin 1841 qui consacre le même prin-
cipe.

Les individus qui composent le petit commerce, n'ayant reçu qu'une instruction bornée et superficielle, très suffisante pour auner ou placer des poids dans une balance, ne peuvent trouver en eux-mêmes la force nécessaire pour résister aux mauvaises passions. Aussi doivent-ils être caractérisés généralement par leurs sentiments de ridicule jalousie, de vanité mesquine ; et, nous le disons avec peine, une forte partie est entachée d'une déloyauté que les tribunaux constatent trop souvent dans des pesages et mesurages menteurs, ainsi que dans la falsification des marchandises.

Longtemps ils se sont entretenus dans un esprit de mutinerie, avec l'aide de cette sorte de presse qui était à la hauteur des plus mauvais instincts. Les relations si faciles que la nature de leurs occupations leur permettait de former dans un voisinage également peu éclairé, y contribuaient encore singulièrement.

Pauvre classe, à vue courte, ignorante de ses intérêts les plus chers dont elle croyait poursuivre la réalisation ! C'est elle qui, en 1848, avec une ingratitude qu'elle ne reconnaît peut-être pas encore, a laissé renverser le monarque qui, jusqu'à cette époque, lui avait rendu le plus de bons offices. Nous insisterons encore sur cette fraction de la société pour faire reconnaître combien peu on doit s'intéresser à elle, et montrer que s'il faut regretter de la faire souffrir momentanément en prenant des décisions d'une justice exacte, au moins existe-t-il des circonstances très atténuantes.

Autrefois une petite partie des grands seigneurs, particulièrement ceux qui étaient le plus en évidence comme attachés à l'ancienne cour, se distinguaient par une grande immoralité, et la malveillance en multipliait le nombre. Mais l'esprit chevaleresque dont ils étaient animés les empêchait, quoique corps dans l'État, de s'opposer à ce que le ridicule ou l'infamie fussent déversés sur leurs personnes. Nous en appelons aux marquis de Molière et aux drames du dernier siècle. Autrefois, disons-nous, ces grands seigneurs avaient le monopole des grands vices ; mais à ces vices ils joignaient d'éminentes qualités : amour des arts, facilité dans les dépenses, services rendus sans rémunération; voilà ce dont leur existence témoignait à tout instant.

De nos jours, les petits marchands parisiens mènent une vie pleine de désordres, et nous n'apercevons chez eux aucuns sentiments élevés.

Bien loin de là, pervertis par les mau-

vaises maximes du siècle, à l'instar des
Israélites dans le désert, ils se proster-
nent devant le veau d'or, et semblent
considérer le gain, comme l'unique mo-
bile, comme le but suprême.

A leurs yeux, cet homme est devenu
riche dans son commerce, peu importe
comment il y est parvenu. Celui-là est
probe et consciencieux ; il n'a pas su
réussir ; ils en rient : c'est un niais.

Pour eux, ce commis dont la rhéto-
rique ne lui fait jamais défaut pour
convaincre le chaland de la bonté d'une
marchandise défectueuse, est un cory-
phée ; pour eux, l'intrigant et le char-
latan sont des hommes d'esprit.

Nous sommes loin de vouloir appliquer exactement ces paroles à toutes les
individualités, car nous reconnaissons
qu'il en existe un petit nombre d'hono-
rables ; mais nous exprimons ce qui ré-

sulte d'observations que nous affirmons sérieuses, quoique peut être erronées. Suivant nous, les commerçants au détail (1) sont le plus généralement peu recommandables, soit par leur défaut d'instruction, soit par leur indélicatesse, et l'on verra plus tard qu'ils n'ont droit à l'intérêt de la société que sous bien peu de rapports.

------

(1) Il ne s'agit là, comme dans toute la brochure, que des commerçants au détail de Paris.

§ II.

Moyens de vente en usage, élévation du prix des marchandises.

Dans l'ordre actuel, les objets créés excèdent presque toujours les besoins qu'ils sont destinés à satisfaire, surtout lorsqu'ils proviennent des manufactures. Car, se laissant avec facilité bercer l'imagination par l'espoir d'un plus grand débit, tantôt les fabricants augmentent leurs ateliers, tantôt ils ne veulent pas les désorganiser en les réduisant, lorsque la demande se fait trop attendre. De son côté, l'agriculture, quelquefois indépendamment d'elle, par le concours heureux des saisons, donne des produits très abondants.

L'écoulement ne pouvant avoir lieu immédiatement, les articles s'empilent dans les magasins, s'altèrent, se dégradent, demandent des frais d'entretien, et pour former des valeurs utiles, exigent qu'on en élève le prix. Une forte rétribution est demandée par les intermédiaires qui les livrent au public, et, en définitif, tous les frais indépendants de la fabrication, dont nous allons donner une idée succincte, retombent à la charge du consommateur.

Les acquisitions de marchandises ont lieu principalement :

1º Dans les foires ; 2º dans des magasins ou boutiques ; 3º au moyen de commis-voyageurs ; 4º par suite de prospectus ou annonces dans les journaux ; 5º d'une manière encore peu usuelle pour les objets neufs, mais assez fréquente pour ceux de seconde main, par le ministère des commissaires-priseurs.

Les foires avaient autrefois une grande importance, et pour l'accroître encore, de grands priviléges, dont quelques-uns subsistent encore, leur étaient attribués (1). Les marchandises y étaient transportées le plus souvent par le producteur, et si elles restaient invendues, on était obligé, à grands frais, de les réintégrer dans leurs magasins respectifs. D'ailleurs, si

____

(1) Une marchandise volée, vendue en foire, ne peut être reprise par son véritable propriétaire qu'en remboursant à l'acquéreur le montant du prix qu'elle lui a coûté.

l'acheteur n'était pas de la ville où la foire se tenait, il était assujetti à des déplacements onéreux.

Cet usage, toujours fort en vigueur pour les chevaux et le bétail, et qui prend même plus d'extension en raison de ce qu'ils sont d'une locomotion facile, et parce qu'ils nécessitent de l'acquéreur un examen très particulier, n'existe plus pour les objets fabriqués que dans un petit nombre de localités.

Il a été remplacé avec avantage par les voyageurs du commerce qui, porteurs d'échantillons, se répandent partout, et vont trouver le consommateur sans qu'il se déplace; et aussi par les magasins et boutiques plus nombreux et mieux approvisionnés qui se sont établis dans toutes les villes. Des prospectus et des annonces, répandus à profusion dans les journaux, vont encore sol-

liciter le consommateur, et complètent
à peu près le système de vente tel qu'il
se pratique aujourd'hui.

Comme on le voit, une maison de commerce au détail ne se borne pas à attendre les chalans, mais fait toutes les
démarches possibles pour les aller cher-
cher dans les endroits les plus écartés.

Ses moyens de recherche sont coû-
teux.

De plus le nombre des affaires tend
à se restreindre généralement pour chaque débitant, en raison de l'énorme
concurrence qui provient, 1º de la liberté illimitée du commerce ; 2º de
l'occupation sans grande fatigue qui
résulte d'une exploitation de ce genre ;
3º du peu d'instruction et du peu de
capitaux qu'elle nécessite.

Il en résulte une hausse dans les prix,
que l'on s'ingénie à pallier, en donnant

aux objets de l'apparence aux dépens de la qualité.

Que l'on ne se laisse point abuser par l'annonce d'un bon marché fabuleux, indiqué par des chiffres, sur des articles placés dans la devanture des magasins, dont les uns sont d'une qualité très médiocre, et dont d'autres ne sont que des amorces trompeuses (1)! L'acheteur croit à tort, trouver le même avantage pour ceux qu'il désire ; c'est alors qu'on se dédommage des pertes partielles qui ont été subies.

Si l'on pouvait tenir compte de la facilité des transports, du perfectionnement des machines, du prix des matières pre-

______

(1) Un marchand des boulevarts avait inscrit sur un gilet, placé dans son étalage, la somme de 1 fr.; une personne se présente et lui en demande dix douzaines, il répond (comme il était facile de le prévoir) que c'était le dernier qui lui restait.

mières, et beaucoup aussi de la qualité précise des articles offerts, on s'assurerait qu'ils sont cotés à des chiffres beaucoup trop élevés.

Les marchands ne nous initient jamais à leur véritable valeur ; ils prétendent presque tous vendre au prix de fabrique et même au-dessous du cours.

C'est là leur secret, mais il est facile de le suprendre.

Que l'on rapporte à un joaillier un bijou qu'on lui aura acheté la veille, sans conditions particulières ; s'il entre dans sa composition un peu de façon, il n'en offrira que la moitié du prix de vente, et souvent beaucoup moins. Quelquefois, honteux même de la minime valeur qu'il peut donner de l'objet qu'il a livré, il refuse de le reprendre.

Son gain ne se compose-t-il pas de la

différence entre le prix qu'il en donne, et celui qu'il en a exigé?

Les marchands de vins, pour certaines qualités supérieures, proposeront à peine, d'une fourniture, le tiers de ce qu'elle aura coûté.

Que l'on ne croie pas pour cela que les bénéfices soient exagérés! La plupart des détaillants ont des frais énormes.

Chose difficile à croire, et cependant très réelle, un courtier qui place un ouvrage nouvellement éditionné, reçoit pour ses émoluments jusqu'aux deux tiers du prix total.

Le loyer des magasins pour ceux qui veulent se placer dans les lieux où afflue la foule, se paye des sommes très fortes. Plusieurs journaux non démentis ont assuré que 60,000 fr. de pots de vins, sans comprendre une location annuelle considérable, avaient été comptés à un industriel pour prendre en son lieu et place une maison située rue Vivienne.

Pour certaines industries, le coût des annonces et prospectus s'élève quelquefois à plus de cent mille francs par année.

En outre, que l'on tienne compte de cette multitude de commis sédentaires; de cette quantité de voyageurs du commerce qui, à eux seuls, font la fortune des hôteliers; du temps perdu à attendre vainement la pratique, (ce dont on peut aisément s'assurer par la construction récente de tous les magasins, qui permet de voir du dehors ce qui se passe à l'intérieur)! — que l'on prenne en considération la perte que subissent les marchandises, dont la fraîcheur s'altère, ou qui passent de mode sans trouver de preneurs : on ne s'étonnera plus de l'exhaussement des prix, et l'on reconnaîtra qu'ils sont imposés par la force des choses !

Il ressort évidemment pour chacun que, d'après le mode employé, tous les articles subissent un renchérissement qui n'entre ni dans la poche du producteur ni dans celle du consommateur, et qui est essentiellement nuisible à l'un et à l'autre ; car, s'il en était autrement, celui-ci augmenterait ses ateliers, et celui-là ne se priverait pas d'une quantité d'objets qui sont pour lui souvent d'une grande nécessité.

Depuis quelque temps un nouveau système qui tend à la ruine des petites boutiques a pris faveur. De vastes bazars, contenant d'immenses approvisionnements par le plus grand choix qu'ils offrent aux consommateurs, par la plus grande garantie qu'ils leur présentent, semblent devoir monopoliser toutes les ventes.

Il y a dans cette manière de faire de grandes chances de succès ; car un commerçant qui prend toute une maison, n'a, relativement à la quantité des marchandises contenues dans ses magasins, qu'un étalage de peu de développement. Son loyer relatif est donc moins considérable.

De plus, les frais de toutes natures provenant des réclames, de la patente, de la surveillance, etc., sont beaucoup moins élevés que ceux nécessaires pour quarante établissements de genres différents, qu'une maison ainsi constituée est destinée à remplacer.

Ces nouveaux spéculateurs ont introduit un usage dont il faut les louer, usage qui consiste à inscrire les prix d'une manière ostensible et à ne plus faire marchander. C'est du temps gagné pour eux et pour la pratique, et le temps, c'est de l'argent.

Mais ne résultera-t-il pas un grand inconvénient de ces immenses magasins, et déjà il nous semble qu'il commence à se faire sentir? Leurs propriétaires n'auront qu'à s'entendre, ce qui est facile à cause de leur petit nombre, alors ils seront maîtres des prix et pourront les fixer à leur gré.

Actuellement, que des objets d'une qualité supérieure, et d'une nature telle qu'ils ne sont à la portée que de certaines fortunes, arrivent sur la place de Paris!

Le cours en est déterminé par quelques négociants qui, seuls, sont aptes à les vendre, et, par suite, en font un monopole.

Le producteur ne peut s'adresser di-

rectement à ceux qui consomment ; car
il y rencontre une répugnance presque invincible, provenant des nombreuses déceptions qu'ils ont éprouvées.
L'intermédiaire pour leur malheur réci-
proque est donc indispensable.

On s'est beaucoup occupé de l'usure
exercée sur l'argent, et peut-être pas assez de l'usure en fait de commerce, où il
paraît permis de vendre un objet trois
et quatre fois ce qu'il coûte.

Le remède à ce mal serait bien facile :
il suffirait d'établir une bourse pour les
marchandises, ainsi qu'il en existe une
pour les actions industrielles et les valeurs de l'état. Les produits arriveraient
alors presque sans frais à ceux qui en
usent.

Car, examinons ce que prend un agent
de change pour la négociation d'un titre ;
le quatre centième de sa valeur seule-

ment (1) ? c'est-à-dire environ deux mille
fois moins que le marchand qui vend
l'objet quatre fois ce qu'il lui a coûté.

On ne verrait plus alors certains vendeurs, abusant soit de leur position re-
connue, soit de leurs capitaux, pour obtenir une immense publicité, écouler
bien au-dessus d'un prix raisonnable,
des marchandises que l'on pourrait payer
convenablement dans des magasins sans
renom, mais que le consommateur ne
peut acquérir, parce qu'il n'y a ni tam-
bours, ni cymbales à la porte pour atti-
rer son attention et lui indiquer qu'il
peut entrer.

Nous savons pertinemment qu'il existe
en province, entre autres industriels, cer-

---

(1) Nous n'avons voulu que faire un rapproche-
ment ; car, dans l'exécution, le tarif des commissaires-priseurs doit être plus élevé que celui des
agents de change.

tains carrossiers qui construisent des voitures, avec les ouvriers formés à Paris, à un tiers au-dessous du cours de celles fabriquées dans la capitale.

L'obligation de les confier à un intermédiaire pour les mettre en magasin et attendre les acquéreurs, les font porter aux taux des voitures parisiennes. La bourse, dont nous avons parlé, nivellerait les prix de la ville et du dehors, parce que la vente serait effectuée presque aussitôt après l'arrivée.

Nous n'avons encore envisagé dans ce paragraphe le commerçant au détail que relativement à la partie matérielle de son œuvre. Nous ajouterons que ses tendances sont essentiellement contraires à la morale.

Si l'on considère quelles sont les nombreuses facilités que le commerce possède, en traitant avec une foule immense,

qui n'a que très peu de relations entre
elle ; qui, profondément ignorante la
plupart du temps, ne reconnaît qu'à
l'usé, la qualité des marchandises qu'on
lui livre ; foule qui se renouvelle par la
mort, par les déplacements, et qui craint
même quelquefois de raconter les mé-
saventures dont elle a été victime, on se
convaincra aisément des énormes abus
dont il se rend coupable.

Dans les temps du paganisme, l'opinion qu'on avait déjà de lui ne paraît
pas avoir été très favorable ; car Mer-
cure, le dieu des voleurs, était aussi
celui des marchands.

Tout le monde connaît le système
d'importunités et de fallacieuses pro-
messes auquel se livrent les voyageurs
chargés de faire des placements. Ils ne
doivent s'offusquer d'aucunes impoli-
tesses ; il faut même, qu'ils dégra-

dent leur nature pour pouvoir les subir avec facilité ; afin d'arriver plus sûrement au résultat suprême, celui de la vente.

Dans le même but, le trafiquant, comme un nouveau Prothée, sait se métamorphoser de mille manières, et ce ne sont pas toujours les formes les plus nobles qu'il adopte.

Nous citerons ce marchand de vins, qui, dans le temps du choléra, se faisait adresser une liste de tous les décès appartenant aux chefs de famille aisés. D'après elle, une fourniture était expédiée aux héritiers, comme commande verbale du trépassé, qu'au milieu d'une douleur navrante on ne faisait jamais difficulté de reconnaître et de solder.

Nous citerons ces industriels de bas aloi qui, par des réclames incessantes insérées dans les journaux, font chaque jour de nouvelles dupes, en vantant un produit dans les formes les plus absolues, s'obligeant même à de fortes indemnités dans le cas de non réussite. Ils ne réussissent jamais qu'à trouver l'écoulement désiré. Cependant, la crainte du ridicule arrête leur dupe et jamais ils ne sont poursuivis.

Beaucoup d'une manière ou d'une autre, en suivant strictement la lettre de la loi, ne tiennent aucun compte des délicatesses de la morale, et, au moyen d'un déhonté charlatanisme, vivent grandement de la bourse des sots.

Nous nous arrêtons aux traits les plus saillants. On remplirait des volumes de faits reprochables qui, avec raison, leur sont imputés.

En les voyant réussir, en subissant chaque jour leurs airs de hauteur, le public s'habitue à leur élevation; juge comme la fortune, les entoure de ses faveurs, et finit par trouver cet ordre de choses tout naturel.

Si l'on n'y met obstacle, les moyens de parvenir ne seront plus qu'indifférents, et, quelle que soit leur nature, ils seront sanctifiés par le succès.

Lorsque la religion avait un grand empire sur les esprits, ses saints dogmes, aidés de la surveillance qui s'exerçait dans les jurandes et les maîtrises, tendaient à tempérer cet amour effréné du gain qui dévore tous les marchands.

Il n'en est plus de même aujourd'hui, la plupart des produits qui servent à l'alimentation sont sophistiqués et trop souvent d'une nature malsaine.

L'art d'en imposer a fait mille fois plus de progrès, que celui qui nous apprend à discerner l'artifice dont nous sommes victimes. L'abus est mainte-

nant si fort, qu'il appelle de toute nécessité une réaction.

Nous espérons qu'un gouvernement
qui veut le bien, ne manquera pas d'appliquer les remèdes convenables, si l'on
peut être assez heureux pour les lui indiquer.

§ III.

Diverses catégories des producteurs (1). — Le gouvernement doit s'occuper principalement des producteurs et des consommateurs.

Au lieu de favoriser cette classe médiocre d'esprit et de sentiments, dite des commerçants au détail que l'intérêt général doit faire restreindre dans la mesure de son utilité, il doit être de l'essence des hommes distingués qui nous régissent, de porter leurs vues sur

(1) Les personnes qui incitent à la production sont considérées comme faisant partie de l'ensemble des producteurs.

les producteurs et les consommateurs.

Le Gouvernement étant réellement fait pour la Société tout entière, s'il donne des priviléges à certaines fractions qui la composent, ce doit être pour le plus grand bien de tous.

Dans le sens le plus général, les producteurs, soit qu'ils s'occupent du matériel ou du moral, doivent obtenir un intérêt spécial ; il en est de divers ordres : nous allons les énumérer successivement :

1° C'est sur les agriculteurs que l'on doit appeler les avantages les plus éminents, parce qu'ils forment les bases les plus essentielles de la France telle qu'elle est organisée, en fournissant à son alimentation ; parce qu'ils présentent dans leur ensemble la partie de la nation la plus morale, celle dont le physique endurci et fortifié par les rudes travaux de

la campagne, n'a point été amolli par le
séjour des villes ; celle enfin, qui épure
constamment ses mœurs au contact isolé
de la famille, malgré les fâcheuses ins-
pirations qui lui arrivent du dehors, et
la mauvaise direction qui souvent lui a
été imprimée.

Dans ces derniers temps, il faut le reconnaître, on s'est occupé d'elle, mais il
reste encore beaucoup à faire.

Les lois de police, les lois de douane,
les octrois devraient contenir des dispositions qui lui fussent plus favorables.

2° Les fonctionnaires de tous ordres
qui ont pour mission de défendre la
Société, lui rendre la justice, l'instruire
et lui indiquer ses devoirs.

Au Gouvernement appartient le soin
d'en déterminer le nombre d'une manière convenable.

3° Les manufacturiers : ils occupent

une quantité de bras intelligents, con-
fectionnent la vaisselle, la poterie, les
draps, la toile, etc..., articles qui, pour
n'être pas aussi indispensables que ceux
fournis par l'agriculture, ne sont pas
moins d'une grande utilité.

De plus, l'industrie crée des objets
qui, par leur perfection, leur bon marché et leur petit volume, sont suscepti-
bles d'être envoyés à l'étranger; elle
nourrit, par cela même, une partie de
la nation aux dépens des autres peuples.

Nous voudrions qu'il fût possible de
soustraire les manufactures au contact
des villes. On moraliserait avec bien plus
de facilité les groupes de travailleurs,
s'ils étaient éloignés des agitateurs qui
les égarent.

4° Les poètes et artistes : ils méritent
que l'on encourage leurs efforts dans
une certaine mesure, car ils perfection-

nent notre esprit, idéalisent notre matière en ne la faisant pas vivre seulement de pain et de vin.

Ils tiennent le sacerdoce du beau, et doivent donner le goût des jouissances honnêtes.

A eux est départi le soin d'élever l'esprit de l'homme et de le différencier de la brute.

5° Les possesseurs de grandes fortunes par la voie héréditaire.

D'après les idées de l'époque, il paraîtra extraordinaire que l'on mette au nombre des producteurs les personnes de cette catégorie, que depuis longtemps on cherche à faire considérer comme étant de la nature des chenilles dans l'ordre social.

Quand un homme arrive à la fortune, de pauvre qu'il était, si cette fortune est due aux beaux-arts, elle se dépense noblement, suivant une expression plus usuelle que juste, ou plutôt elle ne se consolide presque jamais, s'écoulant au fur et à mesure qu'elle s'acquiert.

Toutefois son emploi n'a pas toujours lieu d'une manière bien convenable, parce que l'artiste, enthousiaste de sa nature, recherche les excitations de tout genre.

Conduit la plupart du temps par un joyeux caprice, il est peu apte, hors de son art, à suivre des projets d'une exécution longue et coûteuse.

Les richesses proviennent-elles de l'industrie ou du commerce? Comme il est rare qu'elles ne soient souvent le résultat d'instincts grossiers, quelquefois de procédés peu délicats, et tout au moins le fruit d'une sordide économie, il en résulte qu'il est difficile pour les détenteurs d'avoir dans leur nouvelle position

des vues élevées, justes et désintéressées,
et qu'ils ne peuvent faire succéder à une
existence organisée pour amasser, une
autre vie où l'on se fait honneur de la
dépense.

Leur éducation nécessairement in-
complète, matérielle, a dû porter leurs
esprits vers un unique sentiment, devant lequel tous les autres ont été su-
balternes.

Amour du gain, horreur pour la perte,
voilà les maximes inscrites sur le dra-
peau qu'ils se sont efforcés de suivre
pendant toute leur carrière, et qui ne
doit pas toujours servir de guide quand
on veut marcher d'un pas ferme et assuré dans le sentier de l'honneur.

Ces individus restent toujours des
hommes d'argent.

Mais, dira-t-on, en portant leurs
espèces dans l'industrie, ne sont-ils pas

producteurs? Non! quand bien même il en résulterait une création utile.

L'or, à notre époque, ne s'enterre plus que dans les moments de crise.

Celui dont les instincts le porteraient, comme les anciens avares à l'entasser dans des coffres, pour le considérer. serait un véritable ennemi de lui-même.

Il faut de toute nécessité que cet or trouve un emploi; eh bien! alors il ne s'agit plus, pour ces enrichis, que de savoir s'ils le placeront à 3, 5, 10 p. 0/0.

Qu'il en résulte un canal, un chemin de fer ou une société d'immondices, peu leur importe!

Leurs espèces sont utiles à l'État puisqu'il en résulte une création; mais ils ne les donnent pas, ils les vendent le plus cher possible. C'est encore pour eux une opération mercantile.

Le véritable producteur est alors

l'homme capable que nous avons classé au nombre des vrais industriels, qui se charge de leurs capitaux, les réunit et leur donne une destination utile.

Ainsi cette collection d'individus n'encourage une invention qu'autant que son succès certain pourra rapporter des bénéfices.

Il n'en est point ainsi des hommes riches de naissance.

L'éducation qu'ils auront reçue de maîtres renommés, leur inspirera les nobles passions, telles que l'amour du bien public, le désintéressement, le désir d'être utile aux classes pauvres. Certains du présent et confiants dans l'avenir, aucun besoin criard, aucune inquiétude ne viendront les détourner de l'amour du bien et du beau. Ils encourageront tout naturellement le talent, et dans leurs plaisirs distingués

ils aideront au développement des œuvres artistiques.

Auprès de qui viennent trouver des
appuis sûrs les poètes et artistes de tous
genres, si ce n'est parmi ceux que nous
venons de désigner?

Oui, c'est une aristocratie de naissance qui encouragera les premiers es-
sais d'un inventeur.

Elle saura payer grandement une
œuvre d'art, tandis que l'enrichi n'en
usera que comme d'un objet qu'il ap-
préciera, tarifera suivant la vogue du
jour, et le bénéfice dont il est susceptible.

C'est encore à cette aristocratie qu'ap-
partiennent les améliorations à faire
dans l'agriculture et le perfectionnement
des races qui s'y rattachent. Car ce n'est
point une spéculation argentifère qui
fait parvenir à de bons résultats; tout

le monde sait que ceux qui s'en sont occupés, n'y ont trouvé que de la perte.

Avec elle a disparu le vrai culte des beaux-arts. On ne comprend plus leur sublimité : Corrège, Raphaël, créateurs immortels, chaque jour vous descendez au niveau de Tenier, Van Ostade, Brawer.

Certes, les charges de ces Flamands, inspirées par d'ignobles scènes de taverne, ont le mérite de la facilité, de l'esprit et de la finesse ; mais elles ne devraient point lutter avec des œuvres grandioses et pleines de génie.

Le sentiment du beau idéal n'existe pas chez le vulgaire. Dans les arts un trompe-l'œil le captive. C'est à la partie du métier, au relief donné par le pinceau qu'il s'attache.

Dans la littérature, il n'apporte son intérêt qu'aux scènes mélodrammatiques jouées sur le boulevard ou décrites dans le roman.

Si l'aristocratie du temps n'avait applaudi, soutenu Molière et Corneille, nous en serions peut-être encore à Galimafré et Pradon.

Il est évident pour tous que la classe inférieure, abandonnée à elle-même, n'est point accessible aux délicatesses du langage et de l'esprit. La farce grossière, l'ignoble calembourg, les exécutions judiciaires, réelles ou simulées, voilà ses amours.

Le siècle de Louis XIV nous a donné Corneille, Molière, Racine, Bossuet, Fenélon, etc.

Au siècle de Louis XV sont dus Voltaire, Rousseau, etc.

Dans le nôtre, aucune œuvre immortelle n'a encore apparu, seulement nous avons eu quelques ouvrages distingués.

La littérature, en raison des facultés de ceux à qui elle s'adresse, est devenue une œuvre mercantile; il ne s'agit plus de produire du très bon, mais du médiocre et du très long.

6° Nous n'oublierons pas le haut commerce.

Il est producteur, en faisant arriver de pays éloignés des masses de marchandises qu'il transporte dans tous les lieux où les besoins se font sentir. Et en exportant les produits de la France, il est une source d'or pour elle.

Ce n'est point sans réflexion, que nous avons omis de placer au nombre des producteurs les commerçants au détail. Ils le sont à juste titre, lorsque, réclamés par le désir général, leur action s'exerce naturellement pour mettre les marchandises à la portée de chacun.

Mais ils ne le sont plus, lorsque, usant

de leur nombre et de leur influence, ils veulent entraver la Société et mettre obstacle à ce qu'elle puisse se procurer des marchandises préférables aux leurs et d'un prix moins élevé.

C'est alors que voulant vivre sur les autres et malgré eux, ils doivent prendre le nom *d'intermédiaires parasites.*

L'ordonnance du 9 avril 1819, rendue pour l'exécution de la loi des finances du 15 mai 1818 et la circulaire ministérielle du 8 mai 1829, en font foi.

Elles obligent les commissaires-priseurs à ne vendre à l'encan que les marchandises de seconde main, à moins d'arrêts rendus par les tribunaux, et alors (1) il est prescrit de faire des lots

---

(1) *Article V de l'ordonnance du 9 avril 1819.*
« Pour ne point contrarier les opérations du com-
« merce en détail, et dans l'intérêt qu'il inspire à
« juste titre, il ne peut être fait d'articles pièce à

considérables et de ne pas vendre au détail. Le but évident de ces disposi‐ tions est de favoriser le commerce sé‐ dentaire au détriment du consomma‐ teur, en ne rendant les enchères abor‐ dables qu'à lui seul.

Mais pourquoi ces priviléges?

Déjà nous avons indiqué que les bou‐ tiquiers avaient dans les gouvernements précédents une puissance formidable, à raison de leur nombre comme électeurs

---

« pièce ou en lots à la portée immédiate des parti‐
« culiers consommateurs.

La circulaire du 8 mai 1829, qui établit les mêmes règles que l'ordonnance, et qui est encore plus favo‐ rable aux marchands, a été rédigée par suite, y est‐ il dit, *des nombreuses réclamations qui ont eu lieu.*

Peuvent‐elles avoir été faites par d'autres per‐ sonnes que par les marchands?

Une pétition portant 2,500 signatures, présentée . par eux le 15 mars 1848, demandait la fermeture complète des salles de vente.

et membres de la garde nationale. Nous ajoutons que, formant la partie agissante des villes, qui toujours ont eu une prédominance marquée sur les campagnes, ils ont dû, par cela même, se faire redouter.

Peut-être encore le nom de commerçants dont ils se décorent, au lieu de celui de débitants qu'ils méritent, en semblant les associer à des personnes d'une grande valeur, n'a pas peu contribué à leurs succès.

En satisfaisant leurs réclamations, on espérait multiplier les transactions, donner de l'essor au commerce, c'était à l'effet inverse que l'on arrivait.

De plus, se groupant avec une grande facilité, et usant de cet art que connaissent nos directeurs de spectacle, qui avec un petit nombre de comparses représentent une foule considérable, ils ont captivé l'attention et surpris l'intérêt.

On croyait agir en vue du bien public, on donnait au contraire de l'accroissement et de la vigueur aux sauvageons de l'arbre social.

§ IV.

Des commissaires-priseurs ; des modifications à apporter à leur institution.

D'après les éclaircissements qui ont été donnés, on ne peut s'empêcher de reconnaître que l'on a fait fausse route, et que des faveurs imméritées ont été prodiguées aux débitants.

Et cela contrairement aux intérêts de tous les producteurs qui, comprenant la classe ouvrière, soit qu'elle se livre à l'agriculture , soit qu'elle s'applique à l'industrie, forment par leur réunion presque l'ensemble de tous les consommateurs.

Nous allons proposer des dispositions qui nuiront essentiellement à cette classe parasite.

Cependant, nous l'espérons, elles seront analogues à certaines machines, contre lesquelles on s'élève à leur origine, mais qui, poursuivant leurs cours, répondent, par leur utile emploi, aux injustes clameurs dont elles ont été d'abord assaillies.

Cette époque ne peut être mieux choisie pour une rénovation :

1° Car jamais le commerce sédentaire n'a abusé plus effrontément de la confiance, par son système d'étalage menteur, ses réclames trompeuses et la mauvaise qualité de ses livraisons.

2° Parce que son exploitation relevant uniquement des tribunaux, qui ne peuvent obliger aux délicatesses de la conscience, et ne se fondant plus sur de vieilles réputations qui rendent inutile cette publicité si coûteuse, il en résulte un accroissement trop considérable dans les prix.

3° Parce que sa transformation en énormes bazars, auxquels les nouvelles voies rapides de circulation amènent facilement une foule d'acheteurs, pourrait finir par monopoliser le débit en détruisant toute concurrence.

4° Parce que le système de la liberté illimitée du commerce généralement admis, permet, sans heurter l'opinion publique, d'adopter de nouveaux moyens de vente.

Nos dispositions se distingueront par leur moralité et leur simplicité ; elles sont fondées sur un perfectionnement à

donner à l'institution des commissaires-
priseurs.

Créés à Paris, par la loi du 27 ventôse
an IX (1), les commissaires-priseurs de
cette ville prouvent leur grande utilité
par les nombreuses ventes dont ils sont
chargés. Le développement considérable
qu'elles prennent chaque jour, démontre
que cette institution a de profondes ra-
cines dans nos mœurs, et témoigne de
l'énorme importance qu'elle pourrait
obtenir, si elle fonctionnait après avoir
été débarrassée de ses entraves.

Actuellement surveillée par les débitants, la compagnie des commissaires-
priseurs n'a que le droit d'opérer sur les
objets mobiliers d'occasion, et encore
sur les marchandises neuves dont la
vente est forcée.

---

(1) Voyez les notes page 97.

Dans l'origine, malgré que les charges eussent été concédées à don gratuit, la compagnie prélevait à son profit des droits très élevés : 5 p. 0/0 sur les ventes au-dessus de 4,000 fr., 7 p. 0/0 sur celles comprises entre 1,000 et 4,000 fr., enfin 8 p. 0/0 au-dessous de 1,000 fr.

Une loi, rendue le 18 juin 1843 (1), fixa à 6 p. 0/0 le montant des reprises qu'elle devait exiger.

Les frais de vente aujourd'hui, y compris les droits des experts, l'impôt, les honoraires des préposés, la location de la salle, le paiement des vacations, des crieurs et des affiches, etc., se montent souvent à 15 p. 0/0 et plus.

Et l'on peut se convaincre de la pros-

---

(1) Fixation des frais et droits alloués aux commissaires-priseurs.

Loi du 18 juin 1843.

Art. 1 et 2.

Voyez la note, page 105.

5

périté de la compagnie par la beauté du palais florentin qu'elle vient de faire construire pour vaquer à ses fonctions.

Quoique intermédiaire du second ordre, puisqu'elle ne se livre généralement qu'à la vente des objets d'occasion, sa moralité incontestable lui donne des droits à l'estime générale dont elle jouit sans conteste.

La confiance qui lui est accordée, et qui s'accroît chaque jour malgré les prélèvements considérables qu'elle fait, en sont la preuve. Ces prélèvements ne sont pas dus à une éducation préliminaire qui a nécessité, de la part de ceux qui entrent dans cette compagnie, des études longues et coûteuses.

Par la force des choses, elle bénéficie tout naturellement des erreurs et de la fausse position dans laquelle se trouve le commerce de détail. Nous comptons augmenter son état prospère, non-seulement dans son intérêt, mais encore dans celui des producteurs et des consommateurs.

Pourquoi lui refuser la vente des objets neufs? C'est, répondra-t-on, dans l'intérêt tout naturel des débitants qui paient une patente. Mais rien n'est plus simple que de résoudre cette objection.

Il n'y a qu'à diminuer la patente, et le Gouvernement se dédommagera, par l'impôt prélevé sur un plus grand nombre de ventes à l'encan, du déficit que cette diminution occasionnera.

Tous les intérêts seront donc sauvegardés.

Maintenant, le vendeur aux enchères a de très grands frais à solder, mais ils sont encore bien moindres que ceux qui résultent de la vente en magasins.

N'avons-nous pas vu que le commerce

de détail accroissait souvent ses prix du double et du quadruple de la valeur au sortir des lieux de productions? Avec le système actuel de la criée, il suffit que le prix de la marchandise s'élève de 15 p. 0/0 pour que le producteur puisse en trouver le débouché.

Et le placement a lieu avec tant de facilité et d'avantage pour le propriétaire, qu'il paraît constaté que des individus se sont mis en faillite simulée, afin d'obtenir du tribunal la faculté d'écouler, par ce mode, leurs articles commerciaux, malgré que les frais soient augmentés de tous ceux qui proviennent d'une instance judiciaire.

Mais, comment le consommateur pourra-t-il s'assurer de la qualité des produits?

Rien de plus simple. De grands édifices, sans constructions luxueuses, en pierres de taille, seront établis dans les lieux où le terrain n'est pas recherché. Ils permettront d'étaler la marchandise, et chacun en prendra connaissance avec facilité.

Pourra-t-il y avoir des motifs qui empêcheront les acquéreurs de se présenter, surtout lorsque l'on aura mis en vigueur les diverses mesures d'exécution qui vont être signalées?

1° MM. les commissaires-priseurs, au lieu de pouvoir se livrer à la vente des objets de toutes natures seront divisés en catégories, les uns s'occuperont uniquement de la vente des vins, d'autres n'adjugeront que des meubles, ceux-ci ne vendront que des diamants et bijoux, ceux-là uniquement la draperie, etc.

Ils acquerront, alors, des connaissances spéciales qui leur donneront la faculté d'apprécier au juste les différentes espèces de valeurs, et ils mériteront, par suite, la confiance de tous pour leurs estimations.

Bien plus, on obligerait chaque candidat qui voudrait entrer dans la compagnie, à subir un examen sur les objets qu'il serait destiné à vendre.

De ce statut, résulterait tout naturellement la suppression des experts (1) et leur remplacement par les commissaires au bénéfice des vendeurs.

Afin qu'aucun acquéreur ne puisse être induit en erreur, ils annonceraient, à haute voix, et porteraient sur le procès-verbal la valeur de chaque objet (2), au fur et à mesure qu'il serait procédé à sa vente; puis ils en abandonneraient loya-

---

(1) La rétribution des experts est de 3 à 5 p. 0/0 sur le total de la vente.

(2) Ils ne repondraient pas pécuniairement de leur estimation. Voyez la note de la page 71.

lement le cours à la chaleur des enchères.

Leur charge alors s'ennoblirait.

Et au lieu d'être une simple fonction mécanique, se réduisant à prononcer, après la dernière offre, le mot sacramentel : *Adjugé*, elle deviendrait une espèce de magistrature.

Sans vouloir attaquer la droiture de MM. les experts, il est évident pour tous ceux qui ont assisté à leurs opérations, qu'ils ne semblent être que les commis du vendeur. Ne paraissant occupés que du soin de faire monter les enchères et non de priser exactement ce qu'ils offrent au public, ils n'exercent sur lui qu'une très minime influence (1).

2° Ce n'est souvent que deux heures,

---

(1) On ne doit pas croire qu'il en sera de même des commissaires-priseurs. Comme ils seront appelés chaque jour à remplir les mêmes fonctions, le public reconnaîtra parfaitement ceux qui se distingueront par leur capacité et leur loyauté. La prime qu'il

et plus, après l'indication portée sur l'affiche que commencent les ventes. Pourquoi cette inexactitude blessante pour le public? La chambre de discipline devrait pouvoir être forcée à user de rigueur contre les membres qui se rendraient coupables de cette négligence.

Un placard ou un journal indiquerait l'ordre dans lequel on opèrerait. Chacun connaissant ainsi l'époque où l'objet qu'il souhaite serait apporté sur table, ne serait plus exposé, pour l'acquérir, à perdre un temps précieux.

3° Les salles de vente, qu'il ne serait point nécessaire de rendre voisines (1),

---

accordera à ces derniers en venant s'adresser à eux, ne pourra que maintenir la compagnie dans une voie profitable pour tous. Du reste, la chambre de discipline serait appelée à sévir contre les délinquants.

(1) Il en existerait (comme les marchés) dans divers quartiers.

devront être installées en amphithéâtre (1). Des tribunes même pourraient y être adaptées.

En disposant la plupart des gradins en stalles, la clientèle aisée ne redouterait plus, comme maintenant, le voisinage de gens de toutes sortes, dont la malpropreté est souvent le moindre défaut. Une suite même de places pourrait être réservée aux personnes qui en feraient la demande, ou bien qui paieraient la modique rétribution de cinq ou dix centimes.

En raison de la fragilité de certains objets, leur exhibition pourrait avoir lieu dans un local contigu. En agissant ainsi, les meubles ne seraient pas exposés à

---

(1) Maintenant il n'y a que le premier rang, presque toujours occupé par des brocanteurs, où il soit possible d'examiner la marchandise.

être maltraités, lorsque forcément on les entasse, pour convertir l'exposition en salle de vente.

On aurait encore soin de choisir des lieux où le terrain est d'un prix modéré, ce qui permettrait d'obtenir de l'étendue sans beaucoup de dépense.

En adoptant cette idée, on s'éloignerait, il est vrai, des rues très fréquentées, mais on se débarrasserait des simples curieux.

4° Au lieu d'une seule séance de deux heures à cinq heures, il y en aurait trois : l'une de neuf heures à midi, une autre de deux heures à cinq heures, et une troisième de sept heures à dix heures. Ce réglement qui paraît minutieux est essentiel, parce que la location de la salle entre pour un chiffre important, dans les frais généraux.

5° La multitude des ventes qui, dans

cette nouvelle combinaison, comprendraient toutes espèces d'articles neufs et d'occasion, constituant un bénéfice beaucoup plus considérable pour MM. les commissaires - priseurs, nous croyons que leurs honoraires atteindraient un taux convenable en les fixant à 2 p. 0/0 du produit total, indépendamment des autres redevances qui leur sont attribuées.

Par suite, la totalité des frais, en y comprenant les droits de l'enregistrement (1), la location de la salle, la solde des crieurs, etc., ne se monterait pas à plus de 6 ou 7 p. 0/0. Quel appât, dès lors, pour les producteurs?

Et si, de plus, les enchères n'étant pas suffisantes, ils avaient le droit de retirer

---

(1) Les droits de l'enregistrement sont de **2** p. 0/0, plus le décime.

leurs produits sur celles qu'ils auraient données, en ne payant que la moitié des frais, leur entraînement pour expédier des marchandises sur ce nouveau marché ne connaîtrait plus de bornes.

6° La bourse commune (1) serait supprimée.

Chaque commissaire étant choisi par le client, en raison de la confiance qu'il inspire par son intelligence, son activité et sa bonne foi, ne devrait pas être obligé de subvenir à l'existence de confrères incapables.

Comme l'art. 7 de la loi du 18 juin 1843 dispose que les fonds de cette bourse commune seront affectés au paiement des deniers produits par les ventes, afin de conserver les mêmes garanties, chacun de ces officiers mi-

---

(1) Voyez art. 5 de la loi du 18 juin 1843, page 105.

nistériels ferait un versement, comme
il est d'usage, dans la compagnie des
agents de change, pour que le total ré-
pondît des méfaits inhérents à la nature
humaine.

7° Avant de procéder à la vente, les
commissaires-priseurs seront tenus de
s'assurer des provenances, de manière
à pouvoir l'attester. Ils devront déclarer
si les objets ont été livrés directement
par le producteur, ou si déjà ils ont
éprouvé un roulement commercial qui
empêche d'en constater l'origine.

Nous croyons inutile d'entrer dans
tous les détails concernant l'organisation
de la compagnie. Ceux qui maintenant
ne sont pas contraires à la réalisation de
nos vues, doivent continuer à exister.

Rien ne s'opposerait à ce que l'on con-
tinuât la vente des objets mobiliers dans
les maisons particulières, comme cela se

pratique habituellement. On sait quelle est la faveur dont jouissent certaines ventes ainsi organisées.

C'est la confiance qui y attire le public.

Avec les prescriptions formulées ci-dessus, comme il ne redoutera plus d'acheter à l'hôtel des ventes des objets tarés, mis sur table sans examen préalable, et dont le commissaire déclare constamment ne répondre d'aucune sorte, pas même moralement, il viendra lui-même en foule s'approvisionner de cette manière.

Quelques personnes craintives pourront penser que les nouveaux émoluments des commissaires-priseurs ne seront pas suffisants.

Pour les rassurer, nous allons donner un aperçu de ce qu'ils sont actuellement, et l'on sera à même de juger; en

connaissance de cause, ce qu'ils pourront devenir.

Sur quatre-vingts titulaires, le tiers,
assure-t-on, suffirait à la besogne.

Heureusement qu'un grand esprit de
fraternité existe dans les lois qui régissent la Compagnie ; et que, par suite,
il est d'obligation pour tous, de déposer
dans une bourse commune, la moitié de
leurs gains.

La distribution se fait ensuite par portions égales, et l'on évalue à une somme
de 5,500 fr. par an, ce qui revient à
chacun de cette manière.

Si l'on veut bien tenir compte de la
petite quantité de ceux qui travaillent,
et encore admettre comme un fait (ce
qui nous a été assuré par des personnes
dignes de foi) que plusieurs se livrent
entièrement à un doux repos, en ne
considérant l'acquisition d'une charge

de cette espèce que comme un placement d'argent, on arrivera à cette con-
clusion que les émoluments actuels sont
beaucoup trop considérables (1), puisqu'ils ne servent qu'à leur donner du
loisir au préjudice des propriétaires
vendeurs.

Nous ajouterons que des membres de
la compagnie les plus recherchés par le
public, gagnent, suivant les bruits les
plus répandus, malgré les prélèvements
de la bourse commune, une somme de
50,000 à 60,000 fr. chaque année.

---

(1) Celui qui serait chargé d'une vente qui en
trois séances d'une durée totale de neuf heures, rap-
porterait 1,400,000 fr., pourrait gagner dans ce temps
une somme de 84,000 fr.

Notons que dans l'art. 4 de la loi du 18 juin 1843,
il est interdit aux commissaires-priseurs de faire
aucun abonnement ou modification aux droits qui
leur sont alloués, si ce n'est avec l'État et les établissements publics.

Ces divers chiffres rapprochés, doivent suffire pour constater qu'en donnant de l'occupation à tous les membres les émoluments nouveaux seront
suffisants.

[illegible]

§ V.

**Des débitants dont le commerce
souffrira le plus.**

——◦❖◦——

Ce système ne sera qu'une extension
de la Bourse, où les agents de change,
en donnant une publicité officielle aux
taux d'une multitude de valeurs, empê-
chent, par cela même, les particuliers
de subir des ventes ou des achats désas-
treux.

Il n'en aura même pas les inconvé-nients; car à la Bourse de grands capi-talistes peuvent se permettre des gains illicites, en opérant à la hausse ou à la baisse; tandis que l'encombrement que nécessiterait une acquisition immodérée de marchandises, offrirait tant d'incon-vénients, que personne ne voudrait ten-ter une pareille spéculation.

Un résultat incontestable, c'est que l'on augmentera considérablement le nombre des producteurs ainsi que le bien-être des consommateurs.

On a paru craindre (1) que la vente aux enchères ne favorisât : 1° le contreban-dier ; 2° le receleur pour se défaire sans risques des objets introduits en fraude ou volés; 3° le négociant failli ou sur le point

---

(1) Circulaire du ministère de la justice, en date du 8 mai 1829.

de faillir, pour détourner et réaliser à son profit personnel le gage des créanciers. Avec les investigations prises par les commissaires-priseurs, aucune de ces éventualités ne sera possible.

Il ne faudrait pas croire, suivant une opinion assez répandue et qui date de trop loin pour n'avoir pas à subir des modifications, que les marchandises ne s'élèvent pas à un prix raisonnable, lorsqu'on les met à l'encan.

Certes, il y a des circonstances qui en ont éloigné les particuliers, indépendamment des mesures législatives dont nous avons parlé.

Ainsi, un objet d'occasion est-il nécessaire ? On ne sait à quelle époque il sera vendu.

Est-on assez heureux pour trouver celui qui convient? (ce dont on n'est pas toujours sûr ; car il est difficile de l'exa-

miner, les marchands ne manquant
jamais d'occuper les premières places).
Ce n'est alors que par suite d'une attente
prolongée et en subissant mille en-
nuis, que l'on peut parvenir à en être le
propriétaire.

Nous dirons encore qu'il est entré
dans la tactique des brocanteurs de dé-
goûter le *bourgeois*, comme ils l'appel-
lent, et de ne lui laisser la possession
des objets qu'à un prix bien supérieur
à sa valeur réelle (1).

Pour ces causes, le particulier acquéreur ne s'approchait qu'avec répugnance

---

(1) Une opération, dite *révision*, pratiquée par les
brocanteurs, à la suite des ventes à l'encan, les ai-
dait puissamment à s'en rendre maîtres. Elle con-
sistait à faire entre eux une nouvelle appréciation
des articles adjugés. Celui qui avait obtenu un marché avantageux rendait à ses confrères, et un dédom-
magement était accordé dans le cas d'une acquisition onéreuse. La justice, prévenue de ces manœuvres
illégales, a sévi contre les coupables.

des ventes aux enchères ; il les abandon-
nait aux seuls trafiquants qui en profi-
taient pour se faire adjuger tous les articles à bon marché.

Cet état de choses, depuis quelque
temps, s'est modifié en partie. Malgré
les difficultés inhérentes au système
actuel, beaucoup de personnes ne crai-
gnent plus de venir faire ainsi leurs acquisitions, et leur concurrence est assez
forte pour tenir en bride ces industriels.

On commence à reconnaître que c'est
le meilleur moyen pour un propriétaire
de se défaire, à un prix raisonnable, de
ses objets mobiliers, tels que les tableaux, la curiosité, les livres, etc., lorsque les uns et les autres ont été suffi-
samment annoncés.

Cette innovation ne produira pas un
changement brusque dont les suites seront désastreuses.

Il ne s'agira d'abord que de l'appliquer à Paris. Puis, les mœurs d'un peuple ne changent point immédiatement ; bien des consommateurs continueront à s'approvisionner dans les magasins qui ont leur confiance, et nombre de producteurs seront lents à adopter de nouvelles habitudes.

Parmi tous les débitants, ceux qui détaillent eux-mêmes leurs produits continueront à exister. Nous rangerons dans cette classe les restaurateurs, les cafetiers, les tailleurs, les modistes, les chapeliers, les pâtissiers, les cordonniers, les gantiers, etc.

Ce nouveau mode atteindra en partie ceux qui joignent à leur industrie des objets étrangers, ne réclamant pas un essai préalable : comme les coiffeurs, les fleuristes, les orfèvres, les bijoutiers, etc.

Les détaillants qui souffriront le plus, au grand bénéfice des consommateurs, sont : les marchands d'étoffes de toutes natures, les épiciers, les marchands de café en grains, de thé, sucre, les vendeurs de meubles, de porcelaine, de cristaux, de papiers, de plaqué, les négociants en vins, etc.

En ce qui concerne surtout le commerce des vins, la population ne peut que gagner infiniment.

On sait qu'il est difficile d'en trouver en nature dans la capitale, quoique, si l'on s'en rapporte aux annonces, rien ne soit plus commun. Grâce au commissaire-priseur, qui s'assurera de toutes les provenances, qui dégustera lui-même et donnera sa garantie d'honnête homme, il deviendra au contraire difficile d'être trompé.

Nous ne nous dissimulons point qu'un

des grands obstacles que rencontrera ce projet, résidera dans la sollicitude que l'on éprouve encore pour le petit commerce.

Que l'on ne s'étonne donc point de l'insistance que nous avons mise à démontrer le peu de considération qu'il mérite !

§ VI.

Projet de loi sur les ventes aux enchères.

En nous fondant sur les développements qui ont été donnés, nous avons formulé le projet de loi suivant, qui, soumis à des hommes spéciaux et capables, est nécessairement susceptible d'être amélioré dans beaucoup de ses parties.

Projet de loi

*Sur les ventes aux enchères par MM. les
commissaires-priseurs.*

Art. I.

A partir du (   ), les marchandises de
toutes natures, neuves et d'occasion, pourront
être vendues aux enchères par le ministère de
MM. les commissaires priseurs.

Art. II.

La vente aura lieu en détail, de manière que
la quantité des objets présentés à l'enchère, soit
à la convenance des particuliers qui voudront
les acheter pour leur service.

Art. III.

MM. les commissaires-priseurs seront divisés
en huit catégories : Après avoir été classés dans
chacune d'elles, ils ne pourront vendre (sauf ce
qui sera dit à l'art. xv) que les objets fixés dans
le tableau ci-joint pour chacune de ces catégories :

1ʳᵉ *Catégorie.* — Tout ce qui concerne l'hor-
logerie et l'orfèvrerie.

2ᵉ. — Menuiserie, ébénisterie courante, gla-
ces, porcelaines, poteries, etc.

3ᵉ. — Tableaux, objets d'art, curiosités, meubles de luxe.

4ᵉ. — Vins de toute nature.

5ᵉ. — Denrées alimentaires, parfumerie, matières servant à l'éclairage, etc.

6ᵉ. — Chevaux, voitures, sellerie, etc.

7ᵉ. — Étoffes, tissus de tous genres, vêtements.

8ᵉ. — Livres, papier, etc. (1).

Art. IV.

Lorsqu'un candidat se présentera pour l'acquisition d'une charge, il devra subir un examen sur les divers objets qu'il sera appelé à vendre; de plus, il devra prouver qu'il a fait un stage de six mois au moins, comme greffier d'un des commissaires chargés de la vente de ces objets.

Art. V.

Des salles de vente seront établies dans plusieurs quartiers; on les installera avec des gradins à places séparées, de manière que chacun

---

(1) Beaucoup d'articles de vente ne sont pas compris dans le tableau ci-dessus. Au lieu de les distribuer dans les huit catégories qui ont été faites, on pourra, si on le juge convenable, en établir de nouvelles.

puisse voir, sans être gêné par ses voisins, les articles exposés sur la table de vente.

Les expositions auront lieu dans une pièce contiguë.

Art. VI.

Avant de laisser mettre des enchères sur un article, le commissaire-priseur énoncera à haute voix sa valeur, et la consignera sur le procès-verbal, puis il en abandonnera le cours augré du public.

Art. VII.

Le commissaire ne répondra pas pécuniairement de la valeur des objets annoncés ; mais le conseil de discipline devra l'admonester, et même lui infliger une amende, si les apprécations s'écartaient par trop de la vérité.

Art. VIII.

La bourse commune (1) sera détruite, et chaque commissaire sera tenu de déposer à la Caisse des consignations une somme de 2,000 fr dont on lui soldera l'intérêt au taux ordinaire. La réunion de ces dépôts formera une somme de 160,000 fr. qui servirait de garantie au ven-

---

(1) V. l'art. 5 de la loi du 18 juin 1843, page 105.

deur, dans le cas où des méfaits viendraient à
être commis, indépendamment du cautionnement voulu par la loi.

Art. IX.

Les ventes auront lieu au comptant.

Art. X.

Le vendeur aura la faculté de retirer les
objets qu'il aura livrés aux enchères, en ne
payant que la moitié des droits d'un acquéreur
ordinaire.

Art. XI.

Comme la Compagnie exerce un monopole,
quels que soient les articles qui lui seront ap-
portés, elle sera tenue de les vendre, pourvu
que l'on en légitime la possession.

Art. XII.

Les affiches annonçant une vente désigneront
l'époque précise de son commencement, ainsi
que l'ordre dans lequel il y sera procédé.

Art. XIII.

Le commissaire sera tenu de se rendre à
l'heure indiquée. Dans le cas d'inexactitude,
procès-verbal pourra être dressé contre lui,
et il sera passible d'une amende.

Art. XIV.

Trois vacations pourront avoir lieu chaque jour : une de neuf heures à midi ; une autre de deux heures à cinq heures ; une troisième de sept heures à dix heures du soir.

Art. XV.

Les ventes qui auront lieu dans les maisons particulières continueront à être faites en totalité par le même commissaire.

Art. XVI.

Au lieu de 6 p. 100 qui sont alloués maintenant aux commissaires-priseurs, ils ne toucheront plus que 2 p. 100 sur la valeur totale de la vente.

Art. XVII.

Toutes les lois, ordonnances, arrêts et réglements, non contraires aux dispositions précédentes, recevront toujours leur exécution.

FIN.

NOTES

LOIS ET ARRÊTÉS

Concernant les Commissaires-Priseurs.

**Création de quatre-vingts commissaires-priseurs
vendeurs de meubles à Paris.**

(Décret du 27 ventôse an IX.)

Art. Iᵉʳ. A compter du 1ᵉʳ floréal prochain, les prisées
des meubles et ventes publiques aux enchères, d'effets
mobiliers, qui auront lieu à Paris, seront faites exclu-
sivement par des commissaires-priseurs vendeurs de
meubles.

Ils auront la concurrence pour les ventes de même nature qui se feront dans le département de la Seine.

Art. II. Il est défendu à tous particuliers, à tous autres
officiers publics de s'immiscer dans lesdites opérations qui
se feront à Paris, à peine d'amende, qui ne pourra excé-
der le quart du prix des objets prisés ou vendus.

Art. III. Lesdits commissaires-priseurs vendeurs de
meubles pourront recevoir toute déclaration concernant
lesdites ventes, recevoir et viser toutes oppositions qui

y seront formées, introduire devant les autorités compé-
tentes tous référés, auxquels leurs opérations pourront
donner lieu, et citer, à cet effet, les parties intéressées
devant lesdites autorités.

Art. IV. Toute opposition, toute saisie-arrêt, formées
entre les mains des commissaires-priseurs vendeurs, relatives à leurs fonctions, toute signification de jugement
prononçant la validité desdites oppositions ou saisies-ar-
rêts, seront sans effet, à moins que l'original desdites opposition, saisie-arrêt ou signification de jugement, n'ait
été visé par le commissaire-priseur vendeur, ou, en cas
d'absence ou de refus, par le syndic desdits commissaires.

Art. V. Les commissaires-priseurs vendeurs auront la
police dans les ventes, et pourront faire toute réquisition
pour y maintenir l'ordre.

Art. VI. Il sera alloué auxdits commissaires, pour frais
de prisée, 6 fr. par chaque vacation de trois heures.

Art. VII. Il leur sera alloué, pour tous frais de vente,
vacations à ladite vente, rédaction de minute et première
expédition du procès-verbal, droits de clercs et tous autres droits, non compris les déboursés faits pour annon-
cer la vente, et en acquitter les droits, savoir : 8 fr. pour
100 fr., lorsque le produit de la vente s'élèvera jusqu'à
1,000 fr. ; 7 p. 100, lorsque le produit s'élèvera jusqu'à
4,000 fr., et 5 pour 100 lorsque le produit s'élèvera au-
dessus de 4,000 fr. (1).

Art. VIII. Le nombre des commissaires-priseurs vendeurs sera de quatre-vingts.

---

(1) Les frais de vente alloués par cet article ont été modifiés
par la loi du 18 juin 1843, art. 1er. Voyez page 105.

Art. IX. Ils seront nommés par le premier consul, sur une liste de candidats qui sera soumise au gouvernement par le tribunal de première instance du département de la Seine, devant lequel les commissaires nommés prêteront serment.

Art. X. Ils auront une chambre de discipline, qui sera organisée par un réglement; ils seront tous sous la surveillance du commissaire du gouvernement établi près le tribunal.

Ils verseront au trésor public, et par forme de cautionnement, une somme de 10,000 fr. dont il sera payé un intérêt, conformément à la loi du 9 frimaire an IX (1).

Art. XI. Le tribunal ne pourra admettre à la prestation du serment que ceux qui justifieront de la quittance dudit cautionnement; le jugement qui donnera acte du serment mentionnera la quittance.

Arrêté relatif à la chambre des commissaires-priseurs vendeurs de meubles.

(Du 29 germinal an IX.)

Art. Ier. Les dispositions contenues au réglement du 13 frimaire an IX, relatifs aux avoués, sont déclarées communes aux commissaires-priseurs vendeurs de meu-

---

(1) Le cautionnement des commissaires-priseurs a été porté á 20,000 fr. par une loi du 2 ventôse an XIII.

bles, créés par la loi du 27 ventôse dernier, sauf les modifications ci-après.

Art. II. La chambre des commissaires-priseurs vendeurs sera composée d'un président, d'un syndic, d'un rapporteur, d'un secrétaire, d'un trésorier et de dix autres membres.

Art. III. Les assemblées ordinaires de la chambre se tiennent tous les décadis, à dix heures du matin.

Art. IV. Les membres de la chambre seront nommés par l'assemblée générale des commissaires-priseurs vendeurs réunis à cet effet dans le local qui, pour la première fois, sera indiqué à chacun des membres par le commissaire du gouvernement près le tribunal de première instance.

Art. V. Les membres de la chambre seront renouvelés tous les ans par tiers.

Art. VI. Le renouvellement des membres de la chambre se fera, chaque année, le 30 germinal.

Art. VII. Quant à la première nomination pour la mise en activité du présent règlement, elle aura lieu le 4 floréal.

Art. VIII. Chaque commissaire-priseur-vendeur sera tenu de faire, au secrétariat, la déclaration de toutes les ventes dont il sera chargé, vingt-quatre heures au moins avant le commencement de la vente, et d'indiquer les jour, lieu et heure où elles se feront, ainsi que le nom des requérants. Le commissaire qui négligerait cette déclaration paiera 5 fr. pour la première fois, 10 fr. pour la seconde, et 25 fr. pour la troisième.

Ces déclarations seront reçues moyennant un franc, et seront portées, jour par jour, sur un registre à cet effet, signé et paraphé par le président.

Art. IX. Les membres composant la chambre de discipline pourront se transporter dans les ventes, inspecter les procès-verbaux, les parapher s'ils le jugent convenable.

Art. X. Il y aura une bourse commune, dans laquelle entreront les deux cinquièmes des droits alloués aux commissaires et produits par chaque vente. Les fonds de cette bourse commune seront affectés, comme garantie spéciale, au paiement des deniers produits par les ventes et seront saisissables (1).

Art. XI. Les commissaires-priseurs spécialement attachés à l'établissement du Mont-de-Piété, étant soumis personnellement à une garantie sur les prêts, pourront, par un traité particulier passé entre eux et les autres commissaires, régler la somme que les premiers verseront dans la bourse commune, par forme d'abonnement.

Ce traité sera soumis à l'homologation du tribunal de première instance sur les conclusions du commissaire du gouvernement.

Art. XII. La répartition des émoluments de la bourse commune sera faite, par portion égale entre eux, de deux mois en deux mois.

Art. XIII. Les commissaires-priseurs vendeurs auront, dans l'exercice de leurs fonction, l'habit complet noir, chapeau à la française, et une ceinture de soie noire.

Art. XIV. Le ministre de la justice est chargé de l'exécution du présent arrêté, qui sera imprimé au *Bulletin des lois*.

---

(1) Voir l'art. 5 de la loi du 18 juin 1843.

Loi sur la vente de marchandises neuves à l'encan.

(Du 25 juin 1841.)

Art. Ier. Sont interdites les ventes en détail des marchandises neuves à cri public, soit aux enchères, soit au rabais, soit à prix fixe proclamé avec ou sans l'assistance des officiers ministériels.

Art. II. Ne sont pas comprises dans cette défense les ventes prescrites par la loi ou faites par autorité de justice, non plus que les ventes après décès, faillite ou cessation de commerce ou dans tous les autres cas de nécessité dont l'appréciation sera soumise au tribunal de commerce. Sont également exceptées les ventes à cri public de comestibles et objets de peu de valeur, connus dans le commerce sous le nom de menue mercerie.

Art. III. Les ventes publiques et en détail des marchandises neuves, qui auront lieu après décès ou par autorité de justice, seront faites selon les formes prescrites et par les officiers ministériels préposés pour la vente forcée du mobilier, conformément aux art. 625 et 945 du Code de procédure civile.

Art. IV. Les ventes de marchandises après faillite sont faites conformément à l'art. 486 du Code de commerce par un officier public de la classe que le juge-commissaire aura déterminé ; quant au mobilier du failli, il ne pourra être vendu aux enchères que par le ministère des commissaires-priseurs, notaires, huissiers ou greffiers de justice de paix, conformément aux lois et réglements qui déterminent les attributions de ces différents officiers.

Art. V. Les ventes publiques et par enchère, après cessation de commerce, ou dans tous autres cas de nécessité prévus par l'art. 2 de la présente loi, ne pourront avoir lieu qu'autant qu'elles auront été préalablement autorisées par le tribunal du commerce, sur la requête du commerçant propriétaire, à laquelle sera joint un état détaillé des marchandises. Le tribunal constatera par son jugement le fait qui donne lieu à la vente. Il indiquera le lieu de son arrondissement où se fera la vente. — Il pourra même ordonner que les adjudications n'auront lieu que par lots dont il fixera l'importance.—Il décidera, d'après les lois et réglements d'attribution, qui, des courtiers ou des commissaires-priseurs ou autres officiers publics, sera chargé de la réception des enchères. — L'autorisation ne pourra être accordée pour cause de nécessité qu'au marchand sédentaire, ayant depuis un an au moins son domicile réel dans l'arrondissement où la vente doit être opérée. — Des affiches, apposées à la porte du lieu où se fera la vente, énonceront le jugement qui l'aura autorisée.

Art. VI. Les ventes publiques aux enchères de marchandises en gros continueront à être faites par le ministère des courtiers dans les cas, aux conditions, et selon les formes indiqués par les décrets du 22 nov. 1811, 17 avril 1812, la loi du 15 mai 1818, et les ordonnances du 1er juillet 1818 et 9 avril 1819.

Art. VII. Toute contravention aux dispositions ci-dessus sera punie de la confiscation des marchandises mises en vente, et en outre d'une amende de 50 fr. à 3,000 fr., qui sera prononcée solidairement tant contre le vendeur que contre l'officier public qui l'aura assisté, sans préjudice des dommages-intérêts, s'il y a lieu. Ces condamnations seront prononcées par le tribunal correctionnel.

Art. VIII. Seront passibles des mêmes peines les vendeurs ou officiers publics qui comprendraient sciemment dans les ventes faites par autorité de justice, sur saisie, après décès, faillite, cessation de commerce, ou dans tous les autres cas de nécessité prévus par l'art. 2 de la présente loi, des marchandises neuves ne faisant pas partie du fonds ou mobilier mis en vente.

Art. IX. Dans tous les cas ci-dessus, où les ventes publiques seront faites par le ministère des courtiers, ils se conformeront aux lois qui les régissent, tant pour les formes de la vente que pour les droits de courtage.

Art. X. Dans les lieux où il n'y aura point de courtiers de commerce, les commissaires-priseurs, les notaires, huissiers et greffiers de justice de paix feront les ventes ci-dessus, selon les droits qui leur seront respectivement attribués par les lois et réglements.

Ils seront, pour lesdites ventes, soumis aux formes, conditions et tarifs imposés aux courtiers.

Fixation des frais et droits alloués aux commissaires priseurs.

(Loi du 18 juin 1843.)

Art. Ier. Il sera alloué aux commissaires-priseurs : 1° Pour droit de prisée, par chaque vacation de trois heures, à Paris, à Lyon, Bordeaux, Rouen, Toulon et Marseille, 6 fr.; — partout ailleurs, 5 fr.; — 2° pour assistance aux référés, et pour chaque vacation, à Paris, Lyon, Bordeaux, Rouen, Toulon et Marseille, 5 fr.; — partout ailleurs, 4 fr.; — 3° pour tous droits de vente, non compris les déboursés pour y parvenir, et en acquitter les droits, non plus que la rédaction des placards, 6 p. 100 sur le produit des ventes, sans distinction de résidence. Il pourra en outre être alloué une ou plusieurs vacations, sur la réquisition des parties constatée par procès-verbal du commissaire-priseur, à l'effet de préparer les objets mis en vente. Ces vacations extraordinaires ne seront passées en taxe qu'autant que le produit de la vente s'élèvera à 3,000 fr. Chacune de ces vacations de trois heures donnera droit aux émoluments fixés par le n° 1 du présent article; — 4° pour expédition ou extrait de procès-verbaux de vente, s'ils sont requis, outre le timbre, et par chaque rôle de vingt-cinq lignes à la page et de quinze syllabes à la ligne, 1 fr. 50 c. — Pour consignation à la caisse, s'il y a lieu, à Paris, Lyon, Bordeaux, Rouen, Toulon et Marseille, 6 fr.; — partout ailleurs, 5 fr. — Pour paiement des contributions, conformément aux dispositions des lois des 5, 18 août 1791, et 12 novembre

1808, à Paris, Lyon, Bordeaux, Rouen, Toulon et Marseille, 4 fr. ; — partout ailleurs, 3 fr.

Art. II. L'état des vacations, droits et remises alloués aux commissaires-priseurs, sera délivré sans frais aux parties. Si la taxe est requise, elle sera faite par le président du Tribunal de première instance, ou par un juge de paix.

Art. III. Toutes perceptions directes ou indirectes, autres que celles autorisées par la loi, à quelque titre ou sous quelque dénomination qu'elles aient lieu, sont formellement interdites. — En cas de contravention, l'officier public pourra être suspendu ou destitué, sans préjudice de l'action en répétition de la partie lésée, et des peines prononcées par la loi contre la concussion.

Art. IV. Il est également interdit aux commissaires-priseurs de faire aucun abonnement ou modification à raison des droits ci-dessus fixés, si ce n'est avec l'État et les établissements publics. — Toute contravention sera punie d'une suspension de quinze jours à six mois. — En cas de récidive, la destitution pourra être prononcée.

Art. V. Il y aura, entre les commissaires-priseurs d'une même résidence, une bourse commune dans laquelle entrera la moitié des droits proportionnels qui leur seront alloués sur chaque vente.

Néanmoins, les commissaires-priseurs attachés aux Monts-de-Piété et les commissaires-priseurs des Domaines feront leurs versements à la bourse commune, conformément aux traités passés entre eux et les autres commissaires. Ces traités seront soumis à l'homologation du Tribunal de première instance, sur les conclusions du procureur du roi.

Art. VI. Toute convention entre les commissaires priseurs, qui.aurait pour objet de modifier directement ou indirectement le taux fixé par l'article précédent, est nulle de plein droit ; et les officiers qui auraient concouru à cette convention encourront les peines prononcées par l'article 4 ci-dessus.

Art. VII. Les fonds de la bourse commune sont affectés, comme garantie principale, au paiement des deniers produits par les ventes. Ils seront saisissables.

Art. VIII. La répartition des émoluments de la bourse commune sera faite tous les deux mois par portions égales entre les commissaires-priseurs.

Art. IX. Les commissaires-priseurs de Paris continueront à être régis par les dispositions de l'arrêté du 29 germinal an ix, relatives à leur chambre de discipline. Les dispositions de cet arrêté pourront être étendues, par ordonnance royale rendue dans la forme des réglements d'administration publique, aux chambres de discipline qui seraient instituées dans d'autres localités.

Art. X. Toutes les dispositions contraires à la présente loi, sont et demeurent abrogées.

TABLE.

NOTES.

Paris. — Imprimerie de MAULDE et RENOU, rue des Fossés St-Germain l'Auxerrois, 14.   40.31